LES INDES GALANTES,

BALLET-HÉROÏQUE,

REPRÉSENTÉ,
POUR LA PREMIERE FOIS,
PAR L'ACADEMIE-ROYALE
DE MUSIQUE,

En 1735. Repris en 1743.

Pour la seconde fois, le Mardi 8 Juin, 1751.

Et remis au Théâtre le Mardi 14 Juillet 1761.

PRIX XXX. SOLS.

AUX DÉPENS DE L'ACADÉMIE.

A PARIS, Chés DE LORMEL, Imprimeur de ladite Académie, rue du Foin, à l'Image Sainte Genevieve.

On trouvera des Livres de Paroles à la Salle de l'Opera.

M. DCC. LXI.

AVEC APPROBATION ET PRIVILEGE DU ROI.

Les Paroles de feu Monsieur FUZELIER.

La Musique de Monsieur RAMEAU.

AVERTISSEMENT.

UN Auteur, occupé du soin de plaire au Public, a-t-il tort de penser qu'il faut quelquefois essayer de le divertir sans le secours des Dieux & des Enchanteurs? Peut-être en présentant à ce Public, indulgent pour la Nouveauté, des Objets choisis dans les climats les plus reculés, accordera-t-il son suffrage à la singularité d'un Spectacle, qui fournit à ERATO *&* à TERPSICORE *l'occasion d'exercer leur génie.*

Quoique la passion favorite des Héros célébrés par la Déesse de l'Harmonie inspire les mêmes sentiments sous les deux Pôles, il existe de la différence dans le langage qui les exprime. Exceptons celui de yeux, qui s'entend par tout, & qui empêche l'Amour d'être étranger dans aucun pays : l'Univers est sa Patrie. Mais quoique les Amants suivent tous la même loi, leurs Caracteres Nationaux ne sont pas uniformes ; cela suffit pour répandre dans un Poëme Lirique cette variété si nécessaire, à present que la source des Agrémens simples & naturels semble épuisée sur le Parnasse.

LA PREMIERE ENTRÉE *du Ballet qu'on hazarde aujourd'hui est copiée d'après un illustre Original. C'est la grand Visir Topal Osman, si connu par l'excès de sa générosité. On peut en lire l'Histoire dans le Mercure de France du mois de Janvier* 1734.

J'espere que l'on conviendra que le Modele respectable que j'ai choisi pour former mon vertueux Bacha, autorise les traits que j'ai donnés à la Copie : Un Turc semblable à Topal Osman, n'est pas un Héros imaginaire ; & quand il aime, il est susceptible d'une tendresse plus noble & plus délicate que celle des Orientaux. Son cœur est capable des efforts les plus magnanimes.

LA SECONDE ENTRÉE *remplie par les Incas du Perou, n'a pû être enrichie par la pompeuse Décoration de leur Temple du Soleil, détruit par les heureux Conquérans de l'Amérique, ces Vainqueurs couverts des lauriers les plus dorés qu'on ait jamais cüeillis sur les pas de Bellone.*

Garcilasso de la Véga, Inca, Historien du Perou, né à Cusco * *peut satisfaire les Curieux sur les détails*

* Cusco, Capitale du Perou.

de ce riche Empire ; ils s'instruiront chez cet Auteur Indien de tout ce qui concerne les Incas : On y apprend que leurs Parens les plus éloignés se paroient du même Titre ; Celui de Palla appartenoit à toutes les Princesses. On ne tiroit que de la Famille Royale les principaux Ministres de la Religion aussi étenduë que le pouvoir du Monarque. Les Cérémonies & les Fêtes des Peruviens étoient superbes.

Le Volcan qui sert au nœud de cette entrée Américaine, n'est pas une invention aussi fabuleuse que les opérations de la magie. Ces montagnes enflammées sont communes dans les Indes. Le Méxique est fameux par celle de Popocatépec, qui égale le Vesuve de Naples & le Gibel de Sicile : Quant au Perou, il est fort sujet aux tremblemens de terre. Bien des voyageurs estimés attestent qu'ils ont rencontré de ces fournaises souterraines, composées de bitume & de souffre, qui s'allument facilement, & produisent des incendies terribles, lorsqu'on fait rouler un seul morceau de rocher dans leurs gouffres redoutables. Les Naturalistes les plus habiles appuyent le témoignage des voyageurs par des raisonnemens phisiques, & par des expériences plus convainquantes encore, que les argumens. Me condamnera-t'on, quand j'introduis sur le Théâtre un phénoméne plus vrai-semblable qu'un enchantement, & aussi propre à occasionner des Symphonies cromatiques ? Un Sacrificateur payen, aveuglé par la jalousie, & guidé par la fureur, se sert de ce dangereux phénoméne pour réussir dans ses projets criminels. Quels artifices ne risque pas l'Amour entraîné par le désespoir, & l'imposture cachée sous le manteau sacré de la religion, Phani n'est pas encore assez désabusée des terreurs de son culte, pour n'être pas frappée d'une erreur superstitieuse à la vûe d'un embrasement effroyable, qu'on lui assure être une menace céleste ; cependant son antipatie pour Huascar lui inspire une fermeté que ne lui auroit jamais procuré la raison, les idées que cette Princesse Indienne a des Espagnols, de leurs armes & de leurs vaisseaux, la caractérisent. Antoine de Solis & Augustin de Zarate, Relateurs les plus connus des conquêtes du Méxique & du Pérou, seront les garans de cette proposition.

Le Divertissement de la TROISIÉME ENTRÉE *n'y est pas adapté sans fondement. Les Asiatiques aiment fort les fleurs. Les Turcs & les Persans leur consacrent des jours dans la plus riante saison de l'année ; & ces jours sont embellis non-seulement par l'exposition des fleurs favorites rangées avec choix dans des vases façonnés au Japon & à la Chine, mais encore par des illuminations brillantes, dès que la nuit vient couvrir de ses voiles ces aimables trésors des jardins ; ainsi, j'ai pû faire transporter l'inclination fleuriste dans les Indes par un Prince de Perse.*

On n'a pas oublié dans toutes ces Entrées le goût que le Public montre à présent pour les Ballets dansans, où il découvre un Dessein raisonné & Pittoresque. Goût judicieux qui devoit naître plûtôt dans un siécle éclairé, dans un siécle témoin du progrès des talens qu'il voit chaque jour, conduits par des Principes surs, acquérir de la science sans perdre des graces.

ACTEURS CHANTANTS

DANS LES CHŒURS.

CÔTE' DU ROI.		CÔTE' DE LA REINE.	
Mesdemoiselles.	*Messieurs.*	*Mesdemoiselles.*	*Messieurs.*
Letourneur.	Le Page.	D'alliere.	S. Martin.
La croix.	Durand.		Albert.
Durand.	Delvaux.	Massont.	Jaubert.
Fontenet.	Scelle.		L'Écuyer.
Delor.	Rose.	Salaville.	Tourcaty.
Roublot.	Robin.		Chappotin.
Villemont.	Antheaume.	Lachantrie.	Favier.
Héry.	Parant.		Feret.
	Contour.	L'étienne.	Du Perrier.
			Boy.
		Villenfin.	Laurent.

LES INDES *GALANTES.*

PROLOGUE.

ACTEURS CHANTANTS
DU PROLOGUE.

HÉBÉ, *Déesse de la Jeunesse*, Mlle. Lemiere.

BELLONNE, Mr. Jaubert.

SUIVANTS ET SUIVANTES D'HÉBÉ.

PERSONNAGES DANSANTS.

LES ALLIÉS.

FRANÇOIS.

Mr. Leger, Melle. Rey.

ITALIENS.

Mr. Compioni, Mlle. Deferriere.

ESPAGNOLS.

Mr. Hamoche, l., Mlle. Siane.

POLONOIS.

Mr. LYONNOIS, Melle. LYONNOIS.

GUERRIERS.

Mr. GARDEL,

Mrs. Trupty, Rogier, c., Valentin, Riviere.

JEUX & PLAISIRS.

Melle. DUMONCEAU.

Mrs. Cezeron, Simonet, Hamoche, c.

Mlles. Bocard, l., Bocard, c., Agoussi,

LES INDES *GALANTES*

PROLOGUE.

*Le Théâtre représente les Jardins du Palais d'*HÉBÉ.

SCENE PREMIERE.

HÉBÉ, seule.

VOus, qui d'Hébé suivés les loix,
Venés, rassemblés-vous, accourés à ma voix.
Vous chantés dès que l'Aurore
Éclaire ce beau séjour :
Vous commencés avec le jour
Les Jeux brillants de Terpsicore ;
Les doux instants que vous donne l'Amour
Vous sont plus chers encore.

Vous, qui d'Hébé, &c.

SCENE II.

HÉBÉ, AMANTS & AMANTES de la ſuite D'HÉBÉ.

Jeuneſſe Françoiſe, Eſpagnole, Italienne, & Polonoiſe, qui accourt & forme des danſes gracieuſes.

HÉBÉ.

AMants, ſûrs de plaire,
Suivés votre ardeur,
Chantés votre bonheur,
Mais ſans offenſer le miſtere.
Il eſt pour un tendre cœur
Des biens dont le ſecret augmente la douceur,
Songés qu'il faut les taire.
Amants, ſûrs de plaire, &c.

On danſe.

HÉBÉ.

Muſettes, réſonnés dans ce rïant boccage,
Accordés-vous ſous l'ombrage
Au murmure des ruiſſeaux;
Accompagnés le doux ramage
Des tendres oiſeaux.

CHŒUR.

Muſettes, réſonnés dans ce rïant boccage, &c.

(*Les Danses sont interrompues par le bruit des tambours.*)

HÉBÉ.

Qu'entends-je ? les tambours font taire nos musettes!
C'est Bellone : ses cris excitent les héros :
Qu'elle va dérober de sujèts à Paphos !

SCENE III.

BELLONNE, HÉBÉ, & sa suite.

BELLONNE arrive au bruit des tambours & des trompettes, qui la précedent, avec des Guerriers portants des Drapeaux. Elle invite la suite D'HÉBÉ à n'aimer que la gloire.

BELLONNE, à la suite D'HÉBÉ.

LA Gloire vous appelle, écoutés ses trompettes,
Hâtés-vous, armés-vous, & devenés Guerriers :
Quittés ces paisibles retraites,
Combattés ; il est temps de cueillir des lauriers :
La Gloire vous appelle, &c.

(La suite de Bellonne repete le rondeau.)

(*Danse des Guerriers jouants du drapeau. Ils appellent les amants des Nations alliées. Ces amants généreux, épris des charmes de la gloire, se rangent près de BELLONNE, & suivent ses étendarts.*)

BELLONNE.

C'eſt la Gloire
Qui rend les héros immortels :
Allés, encenſés ſes autels,
Partés, courés, volés au temple de Mémoire.

On danſe.

SCENE IV.

HÉBÉ, à ſa Suite.

POur remplacer les cœurs que vous ravit Bellonne,
Fils de Vénus, lancés vos traits les plus certains ;
Conduiſés les plaiſirs dans les climats lontains,
Quand l'Europe les abandonne.

On danſe.

CHŒUR.

Traverſés les plus vaſtes mers,
Volés, Amours ; portés vos armes & vos fers
Sur les plus éloignés rivages.

Eſt-il un cœur dans l'Univers
Qui ne vous doive ſon hommage ?

Traverſés les plus vaſtes mers, &c.

(Les AMOURS *s'envolent pendant le chœur, & ſe diſperſent loin de l'Europe dans les différents climats des Indes.)*

FIN DU PROLOGUE.

LE TURC GÉNÉREUX.

PREMIERE ENTRÉE.

ACTEURS CHANTANTS.

OSMAN, *Bacha d'une Île Turque de la Cour des Indes*, Mr. Larrivée.

ÉMILIE, *jeune Provençale, Esclave* D'OSMAN, Mlle. Chevalier.

VALERE, *Officier de Marine, Amant* D'ÉMILIE, Mr. Pillot.

PERSONNAGES DANSANTS.

MATELOTS, MATELOTTES.

Melle. ALLARD.

Mrs. Beate, Grosset, Gougi, Dubois.

Melles. Lacour, Saron, Peslin, Lozange.

PAS DE CINQ.

UN TURC.

Mr. LAVAL.

AFFRICAINS, AFFRICAINES.

Mr. GARDEL, Melle. LYONNOIS.

Mrs. Lelievre, Hyacinte, Mercier.

Melles. Tételingre, d'Ornet, S. Martin.

LES

LES INDES GALANTES.

PREMIERE ENTRÉE.

LE TURC GÉNÉREUX.

*Le Théâtre représente les Jardins d'*O S M A N*, Bacha, terminés par la Mer.*

SCENE PREMIERE.

ÉMILIE, OSMAN.

ÉMILIE, à part.

C'Est Osman qui me suit, ne lui cachons plus rien ;
Pour arrêter son feu, découvrons-lui le mien.

OSMAN, à E M I L I E.

Chercherés-vous toûjours & l'ombre & le silence ?

ÉMILIE.

Je voudrois de mes maux cacher la violence.

OSMAN.

Ciel ! qu'entends-je ?

ÉMILIE.

Apprenés mon destin rigoureux.

Dans le séjour, témoin de ma naissance,
J'épousois un amant, digne de ma constance ;
Sur un bord solitaire on commençoit les jeux,
Lorsque des ravisseurs perfides
S'avancent le fer à la main :
La terreur un instant ferme mes yeux timides ;
Ils ne s'ouvrent qu'aux cris d'un Corsaire inhumain.
Bientôt les vents & le ciel même,
Complices de son crime, éloignent ses vaisseaux ;
Et je me vois captive sur les eaux,
Près de ce que j'abhorre, & loin de ce que j'aime.

OSMAN.

Qu'en peignant vos malheurs vous redoublés mes maux !
Dissipés vos ennuis sur cet heureux rivage.

ÉMILIE.

J'y subis, sous vos loix, un second esclavage.

OSMAN.

Me reprocherés-vous de gêner vos desirs ?
L'unique loi qu'ici vous prescrit ma tendresse,
C'est de permettre aux plaisirs
De vous y suivre sans-cèsse ;
Répondés à mes vœux ; couronnés mes soûpirs.

ÉMILIE.

Contre mes ravisseurs, ardent à me défendre,
Mon amant a risqué ses jours ;
Lorsque, pour prix de son secours,
Peut-être un coup fatal l'a forcé de descendre
Dans l'affreuse nuit du tombeau,
Mon cœur ingrat, d'un feu nouveau
Se laisseroit surprendre !

OSMAN.

Ah ! que me faites vous entendre ?
C'est trop m'accâbler par vos pleurs ;
Cessés d'entretenir d'inutiles ardeurs.

Il faut que l'amour s'envole
Dès qu'il voit partir l'espoir.

A l'ennui la constance immole.
Le cœur qui s'en fait un devoir.

Il faut que l'amour s'envole
Dès qu'il voit partir l'eſpoir.

Je vous quitte, belle Émilie;
Songés que le nœud qui vous lie
Vous cauſe, chaque jour, des tourments ſuperflus;
Vous aimés un objet que vous ne verrés plus.

SCENE II.

ÉMILIE, ſeule.

QUE je ne verrai plus!... Barbare!
Que me préſage ce diſcours?
Ah! ſi de mon amant le trépas me ſépare,
Si mes yeux l'ont perdu, mon cœur le voit toûjours.

(Le Ciel ſe couvre de nuages ſombres, les vents ſiflent, les flots s'élevent.)

La nuit couvre les cieux! quel funeſte ravage!

(L'Obſcurité & la tempête redoublent.)

Vaſte empire des mers, où trïomphe l'horreur,
Vous êtes la terrible image
Du trouble de mon cœur.
Des vents impétüeux vous éprouvés la rage,
D'un juſte déſeſpoir j'éprouve la fureur.

Vaste empire des mers, où triomphe l'horreur,
Vous êtes la terrible image
Du trouble de mon cœur.

(La Tempête continue avec la même violence.)

CHŒUR *de Matelots, qu'on ne voit point.*

Ciel ! de plus d'une mort nous redoutons les coups !
Serons-nous embrâsés par les feux du tonnerre ?
Sous les ondes périrons-nous,
A l'aspect de la terre ?

ÉMILIE.

Que ces cris agitent mes sens !
Moi-même je me crois victime de l'orage.

(La Tempête diminue, & la clarté revient.)

Mais le ciel est touché de leurs périls pressants,
Le ciel, le juste ciel calme l'onde & les vents ;
Je souffrois dans le port les tourments du naufrage.

CHŒUR *de Matelots, derriere le Théâtre.*

Que nous sert d'échapper à la fureur des mers ?
En évitant la mort, nous tombons dans les fers.

ÉMILIE.

De malheureux captifs vont partager mes peines
Dans ce redoutable séjour....
S'ils sont amants, ah ! que l'amour
Va gémir sur ces bords dans de barbares chaînes !

SCENE III.

ÉMILIE, VALERE.

ÉMILIE, à part.

UN de ces malheureux approche en soûpirant !..
Hélas ! son infortune est semblable à la mienne.
Quel transport confus me surprend ?
Parlons-lui : ma partie est peut-être la sienne.
(*l'abordant.*) (*le reconnoissant.*)
Étranger, je vous plains... Ah ! Valere ! c'est vous ?

VALERE.

C'est vous ! belle Émilie !

ENSEMBLE.

ÉMILIE. Ah ! Valere ! c'est vous !
VALERE. C'est vous ! belle Émilie !
Je vous revois ! que de malheurs j'oublie !
De mon cruël destin je ne sens plus les coups.

ÉMILIE.

Par quel sort aujourd'hui jetté sur cette rive...?

VALERE.

Depuis l'instant fatal qui nous a séparés,
Dans cent climats divers mes soûpirs égarés
Vous cherchent nuit & jour.. Je vous trouve captive!

ÉMILIE.

Et ce n'eſt pas encor mon plus cruël malheur.

VALERE.

O ciel ! achevés.

ÉMILIE.

Non, ſuſpendés ma douleur ;
De votre ſort daignés enfin m'inſtruire.

VALERE.

Un maître, que je n'ai point vu,
Dans ce palais m'a fait conduire. . .

ÉMILIE.

Votre maître eſt le mien.

VALERE.

O bonheur imprévu !

ÉMILIE.

Valere, quelle erreur peut ainſi vous ſéduire ?
Mon tiran m'aime. . .

VALERE.

O déſeſpoir !
Non, vous ne ſortirés jamais de ſon pouvoir.

Quoi ! Valere ne vous retrouve
Que pour vous perdre ſans retour ?
Notre tiran vous aime !

ÉMILIE.

Eh ! ma douleur le prouve ;
Je ne demandois pas ce trïomphe à l'amour.

VALERE.

Ah ! sait-on vous aimer dans ce fatal séjour ?
Sur ces bords une âme enflâmée
Partage ses vœux les plus doux ;
Et vous mérités d'être aimée
Par un cœur qui n'aime que vous.

SCENE IV.

ÉMILIE, VALERE, OSMAN, Bacha.

ÉMILIE, à VALERE.

IL vous entend : hélas ! comment fuir sa colere ?

OSMAN, à ÉMILIE.

Ne craignés rien ; je dois trop à Valere ;
[*montrant VALERE.*]
Osman fut son esclave, & s'efforce aujourd'hui
D'imiter sa magnificence...
Dans ce noble sentier que je suis loin de lui !
Il m'a tiré des fers sans me connoître...

OSMAN,

VALERE.

(l'embrassant.) *(à* ÉMILIE.*)*

Mon cher Osman, c'est vous ! Osman étoit mon maître.

OSMAN.

Je vous ai reconnu sans m'offrir à vos yeux ;
J'ai fait agir pour vous mon zele & ma puissance.

(Les vaisseaux de VALERE *avancent & paroîssent chargés des présents du Bacha.)*

Vos vaisseaux sont rentrés sous votre obéissance.

VALERE.

Que vois-je ? ils sont chargés de vos dons précïeux !
Que de bienfaits !

OSMAN.

Ne comptés qu'Émilie.

VALERE.

O trïomphe incroyable ! o sublime vertu !

ÉMILIE, à OSMAN.

Ne craignés pas que je l'oublie.

OSMAN.

Estimés moins un cœur qui s'est trop combattu.

(On entend les tambourins des Matelots de VALERE.*)*

(Avec douleur.)

J'entends vos matelots. Allés ſur vos rivages,
Mes ordres ſont donnés... allés, vivés contents...
Souvenés-vous d'Oſman.

VALERE, l'arrêtant.

Recevés nos hommages.

ÉMILIE, à OSMAN.

Écoutés...

OSMAN.

[hésitant.] *[s'en allant.]*

Quoi!.. Mais, non. C'eſt ſouffrir trop long-tems;
C'eſt trop à vos regards offrir mon trouble extrême..
Je vous dois mon abſence, & la dois à moi-même.

SCENE V.

ÉMILIE, VALERE, PROVENÇAUX ET PROVENÇALES, *qui entrent en dansant.*

Esclaves Africains d'OSMAN.

LE CHŒUR.

VOlés, Zéphirs, volés, jeunes amants de Flore ;
Si vous nous conduisés, tous nos vœux sont remplis.
Rivages fortunés de l'empire des Lis,
Ah ! nous vous reverrons encore.

On danse.

ÉMILIE.

Régnés, Amours, régnés, ne craignés point les flots ;
Vous trouverés sur l'onde un aussi doux repos
Que sous les mirthes de Cithere.
Régnés, Amours, régnés, ne craignés point les flots ;
Ils ont donné le jour à votre aimable mere.

On danse.

ÉMILIE.

Fuyés, fuyés, vents orageux.
Calmés les flots amoureux,
Ris & jeux.

Charmant plaiſir, fais notre ſort,
Dans la route comme au port.

Si, quittant le rivage,
La raiſon fait naufrage,
Thétis dans ce beau jour
N'en ſert que mieux l'Amour.

Fuyés, fuyés, vents orageux.
Calmés les flots amoureux,
Ris & jeux.
Charmant plaiſir, fais notre ſort
Dans la route comme au port.

On danſe.

ÉMILIE.

Partés, on languit ſur le rivage,
Tendres cœurs, embarqués-vous :
Vogués, bravés les vents & l'orage,
Que l'eſpoir vous guide tous.

Partés, *&c.*

FIN DE LA PREMIERE ENTRÉE.

LES INCAS
DU PÉROU.

SECONDE ENTRÉE.

ACTEURS CHANTANTS.

HUASCAR-INCA, *Ordonnateur de la Fête du Soleil*,	Mr. Gélin.
PHANI-PALLA, *de la race Royale*,	Mlle. Dubois.
DOM-CARLOS, *Officier Espagnol, Amant de* PHANI,	Mr. Pillot.
UN INCA.	Mr. Durand.

PERSONNAGES DANSANTS.

PÉRUVIENS & PÉRUVIENNES.

Mlle. LANY.

Mr. LAVAL, Mlle. CARVILLE.

Mrs. Cezeron, Valentin, Rogier, l., Simonet, Compioni, Bianqui.

Mlles. Tételingre, Bocard, l., Bocard, c., Buard, St Martin, Laforêt.

LES INDES GALANTES.

SECONDE ENTRÉE.

LES INCAS DU PÉROU.

Le Théâtre représente un desert du Pérou, terminé par une montagne aride : le sommet en est couronné par la bouche d'un volcan, formée de rochers calcinés, couverts de cendres.

SCENE PREMIERE.

PHANI-PALLA, DOM-CARLOS, *Officier Espagnol.*

CARLOS.

Vous devés bannir de votre âme
La criminelle erreur qui séduit les Incas ;
Vous l'avés promis à ma flâme :
Pourquoi diférés vous ? Non, vous ne m'aimés pas...

PHANI.

Que vous pénétrés mal mon ſecret embaras !
Quel injuſte ſoupçon ! . . Quoi, ſans inquïétude,
Briſe-t-on à la fois
Les lïens du ſang & des loix ?
Excuſés mon incertitude.

CARLOS.

Dans un culte fatal qui peut vous arrêter ?

PHANI.

Ne croyés point, Carlos, que ma raiſon balance ;
Mais de nos fiers Incas je crains la vïolence...

CARLOS.

Ah ! pouvés-vous les redouter ?

PHANI.

Sur ces monts, leurs derniers aſiles ;
La fête du Soleil va les raſſembler tous...

CARLOS.

Du trouble de leurs jeux que ne profitons-nous ?

PHANI.

Ils obſervent mes pas...

CARLOS.

Leurs ſoins ſont inutiles,
Si vous m'acceptés pour époux.

PHANI.

PHANI.

Carlos, allés, pressés ce moment favorable;
Délivrés-moi d'un séjour détestable;
Mais ne venés pas seul... Quel funeste malheur
Si votre mort!.. Le peuple est barbare, implacable;
Et quelque fois le nombre accâble,
La plus intrépide valeur.
Allés; ma crainte est pardonable.
Empruntés du sécours; rassemblés vos guerriers;
Conduisés leur courage à de nouveaux lauriers.

SCENE II.

PHANI-PALLA, *seule.*

Viens, Himen, viens m'unir au vainqueur que j'adore;
Forme tes nœuds, enchaîne-moi.
Dans ces tendres instants, où ma flâme t'implore,
L'Amour même n'est pas plus aimable que toi.
Viens, Himen, viens m'unir au vainqueur que j'adore;
Forme tes nœuds, enchaîne-moi.

SCENE III.

PHANI-PALLA, HUASCAR-INCA, UN INCA.

HUASCAR, (*à part.*)

ELle eſt ſeule... parlons: l'inſtant eſt favorable;
Mais je crains d'un rival l'obſtacle redoutable :
Parlons au nom des Dieux, pour ſurprendre ſon cœur;
Tout ce que dit l'amour eſt toûjours pardonnable,
Et le ciel, que je ſers, doit ſervir mon ardeur.

(*à PHANI.*)

Le Dieu de nos climats dans ce beau jour m'inſpire;
Princeſſe ; le Soleil daigne veiller ſur vous ;
Et lui-même, dans notre empire,
Il prétend, par ma voix, vous nommer un époux.
Vous frémiſſés. Doù vient que votre cœur ſoûpire ?

Obéiſſons ſans balancer,
Lorſque le Ciel commande.
Nous ne pouvons trop nous prêſſer
D'accorder ce qu'il nous demande ;
Y refléchir, c'eſt l'offencer.
Lorſque le Ciel commande,
Obéiſſons ſans balancer.

PHANI.

Non, non, je ne crois pas tout ce que l'on aſſûre
En atteſtant les cieux ;
C'eſt ſouvent l'impoſture
Qui parle au nom des Dieux.

HUASCAR.

Pour les Dieux & pour moi quelle coupable injure !
Je ſais ce qui produit votre incrédulité,
C'eſt l'amour : dans votre âme il eſt ſeul écouté.

PHANI.

L'amour ! que croyés-vous ?

HUASCAR.

Oui, vous aimés, perfide,
Un de nos vainqueurs inhumains ...
Ciel ! mettras-tu toûjours tes armes dans leurs mains?

PHANI.

Redoutés le Dieu qui les guide.

HUASCAR.

C'eſt l'or, qu'avec empreſſement,
Sans jamais s'aſſoûvrir, ces barbares dévorent ;
L'or, qui de nos autels ne fait que l'ornement,
Eſt le ſeul Dieu que nos tirans adorent.

PHANI.

Téméraire ! que dites-vous ?
Révérés leur puissance, & craignés leur couroux.
Pour leur obtenir vos hommages
Faut-il des miracles nouveaux ?
Vous avés vu de nos rivages,
Leurs villes voler sur les eaux ;
Vous avés vu dans l'horreur de la guerre,
Leurs invincibles bras dispôser du tonnerre.

SCENE IV.

HUASCAR-INCA, UN INCA.

[*On entend un prélude qui annonce la fête du Soleil.*]

HUASCAR.

(*à part*)

ON vient. Dissimulons mes transports à leurs yeux.

[*A L'INCA.*]

Vous savés mon projet : allés, qu'on m'obeïsse....

[*à part*]

Je n'ai donc plus pour moi qu'un barbare artifice,
Qui de flâme & de sang innondera ces lieux ?
Mais que ne risque point un amour furieux ?

SCENE V.

LA FÊTE DU SOLEIL.

HUASCAR-INCA, PHANI-PALLA ramenée par des INCAS, *PALLAS & INCAS, sacrificateurs,* PÉRUVIENS & PÉRUVIENNES.

HUASCAR.

Soleil, on a détruit tes ſuperbes aſiles,
Il ne te reſte plus de temple que nos cœurs:
Daigne nous écouter dans ces deſerts tranquilles:
Le zele eſt pour les Dieux le plus cher des honneurs.

[*Les* PALLAS & LES INCAS *font leur adoration au Soleil.*]

HUASCAR.

Brillant Soleil! jamais nos yeux dans ta carriere,
N'ont vu tomber de noirs frimats:
Et tu répands dans nos climats
Ta plus éclatante lumiere.

CHŒUR.

Brillant Soleil, *&c.*

(*Danse de* PÉRUVIENS *&* PÉRUVIENNES.)

HUASCAR.

Clair Flambeau du monde,
L'air, la terre, & l'onde
Ressentent tes bienfaits.

Clair Flambeau du monde,
L'air, la terre, & l'onde
Te doivent leurs attraits.

CHŒUR.

Clair Flambeau, *&c.*

HUASCAR.

Par toi dans nos champs tout abonde;
Nous ne pouvons compter les biens que tu nous fais!
Chantons-les seulement: que l'écho nous reponde;
Que ton nom dans nos bois retentisse à-jamais.

CHŒUR.

Clair Flambeau, *&c.*

HUASCAR.

Tu laisses l'Univers dans une nuit profonde
Lorsque tu disparois:
Et nos yeux, en perdant ta lumiere féconde,
Perdent tous leurs plaisirs; la beauté perd ses traits.

CHŒUR.

Clair Flambeau du monde, &c.

On danse.

HUASCAR.

Permettés, Aſtre du jour,
Qu'en chantant vos feux, nous chantions d'autres flâmes;
Partagés, Aſtre du jour,
L'encens de nos âmes
Avec le tendre amour.

Le Soleil, en guidant nos pas,
Répand ſes appas,
Dans les routes qu'il pare.
Raiſon, quand malgré tes ſoins,
L'Amour nous égare,
Nous plaît-il moins?

Vous brillés, Aſtre du jour,
Vous charmés nos yeux par l'éclat de vos flâmes:
Vous brillés Aſtre du jour;
L'aſtre de nos âmes
C'eſt le tendre amour.

De nos bois chaſſés la triſteſſe,
Regnés-y ſans-ceſſe,
Dieux de nos cœurs.
De la nuit, le voile ſombre,

Sur vos attraits n'étend jamais ſon ombre;
Tous les tems, aimables vainqueurs,
Sont marqués par vos faveurs.

Permettés, Aſtre du jour,
Qu'en chantant vos feux nous chantions d'autres flâmes;
Partagés, Aſtre du jour,
L'encens de nos âmes
Avec le tendre amour.

On danſe.

(La fête eſt troublée par un tremblement de terre.)

C H Œ U R.

Dans les abîmes de la terre
Les vents ſe déclarent la guerre!

(L'air s'obſcurcit, le tremblement redouble; le Volcan s'allume, & jette par tourbillons du feu & de la fumée.)

C H Œ U R.

Les rochers embrâſés s'élancent dans les airs!
Ils portent juſqu'aux cieux les flâmes des enfers?

(L'épouvente ſaiſit les PÉRUVIENS, *ils ſe diſperſent,* HUASCAR *arrête* PHANI, *& le tremblement de terre ſemble s'appaiſer.*

SCENE.

SCENE VI.

PHANI-PALLA, HUASCAR-INCA.

HUASCAR, à PHANI, *qui traverse le Théâtre en fuyant.*

ARrêtés. Par ces feux le ciel vient de m'apprendre
Qu'à son arrêt il faut vous rendre ;
Et l'himen....

PHANI.

Qu'allés-vous encor me révéler !
O jour funeste ! Dois-je croire
Que le ciel, jaloux de sa gloire,
Ne s'explique aux humains qu'en les fesant trembler ?

SCENE VII.

PHANI-PALLA, HUASCAR-INCA, DOM-CARLOS, Officier Espagnol & sa suite.

HUASCAR, arrêtant encore PHANI.

Vous fuyés, quand les Dieux daignent vous appeler !
Eh bien, cruëlle, eh bien ! vous allés me connoître ;
Suivés l'amour jaloux....

CARLOS.

Ton crime ôse paroître !

PHANI.

Le Soleil jusqu'au fond des antres les plus creux
Vient d'allumer la terre, & son couroux présage...

CARLOS.

Princesse, qu'elle erreur ! C'est le ciel qu'elle outrage.
Cet embrâsement dangereux,
Du Soleil n'est point l'ouvrage ;
(*montrant* HUASCAR.)
Il est celui de sa rage.
Un seul rocher jetté dans ces gouffres affreux,
Y réveillant l'ardeur de ces terribles feux,

Suffit pour exciter un si fatal ravage.
Le perfide espéroit vous tromper dans ce jour,
Et que votre terreur serviroit son amour.
Sur ces monts mes guerriers punissent ses complices,
Ils vont trouver dans ces noirs précipices
Des tombeaux dignes d'eux...
(*à* HUASCAR.)
Mais il te faut de plus cruëls suplices.
(*à* PHANI.)
Accordés votre main à son rival heureux,
C'est-là son châtiment :

HUASCAR.

Ciel! qu'il est rigoureux!

ENSEMBLE.

PHANI, & CARLOS. Pour jamais l'amour nous engage!
Non, non, rien n'est égal à ma félicité!

HUAS. Non, rien n'égale ma rage:
Je suis témoin de leur félicité!

PHANI, & CARLOS. Ah! mon cœur a bien mérité
Le sort qu'avec vous il partage.

HUAS. Faut-il que mon cœur irrité
Ne puisse être vengé d'un si cruël outrage?

[*Ils reprennent le rondeau.* PHANI *&* CARLOS *s'adressent l'un à l'autre les paroles de ce* Trio ; HUASCAR *chante les siennes à part.*

SCENE VIII.

Le volcan ſe rallume, & le tremblement de terre recommence.

HUASCAR, ſeul.

LA flâme ſe rallume encore....
Loin de l'éviter, je l'implore....
Abîmes embrâſés, j'ai trahi les autels,
Exercés l'emploi du tonnerre;
Vengés les droits des immortels;
Déchirés le ſein de la terre!
Sous mes pas chancelants,
Renverſés, diſperſés ces arrides montagnes;
Lancés vos feux dans ces triſtes campagnes,
Tombés ſur, rochers brûlants.

[*Le Volcan vomit des rochers enflâmés qui écrâſent le criminel* HUASCAR.]

FIN DE LA SECONDE ENTRÉE.

LES FLEURS.

FÊTE PERSANE.

TROISIEME ENTRÉE.

ACTEURS CHANTANTS.

TACMAS, *Prince Persan, Roi dans les Indes*, Mr. Joly.

FATIME, *Sultane favorite, déguisée en Esclave Polonois*, Mlle. Lemiere.

ATALIDE, *Sultane*, Mlle. Rozet.

ROXANE, *confidente d'*ATALIDE, Mlle. St. Hilaire.

PERSONNAGES DANSANTS.

BOSTANGIS.

Mr. LANY.

Mrs. Hyacinte, Trupty, Hamoche, l., Leger, Rogier, c., Compioni.

ZÉPHIR, Mr. GROSSET.

BORÉE, Mr. VESTRIS.

LA RÔSE, Melle. VESTRIS.

DIFFÉRENTES FLEURS.

Melles. Demiré, Rey, Lacour, Chefdeville, Saron, Siane, Deferriere, d'Ornet.

LES INDES GALANTES,

TROISIEME ENTRÉE.

LES FLEURS,

FÊTE PERSANE.

Le Théâtre repréſente les Jardins de TACMAS.

SCENE PREMIERE.

ROXANE, FATIME, en eſclave Polonois.

ROXANE, la conſidérant.

VOUS offrés à nos yeux un eſclave charmant !
Mais, ne craignés-vous point, Fatime,
Qu'on ne vous faſſe un crime
De ce déguiſement ?

FATIME.

La fête, qui bientôt doit être célébrée,
De nos jardins permet l'entrée;
Pour me cacher ainsi, j'ai saisi ce moment.
J'aime Tacmas, & je le crois volage:
Je ne puis résister à mes transports jaloux....
Je viens chercher sous cet ombrage
Les funestes attraits qui causent mon couroux.
Je soupçonne Atalide....

ROXANE.

Atalide est aimable.

FATIME.

Cet objet redoutable,
A mes regards encor ne s'est pas présenté;
Et peut-être ma crainte ajoûte à sa beauté.
Dans ce jour, où des Fleurs on prépare la fête,
J'espere la trouver sous ces sombres ormeaux;
Et me livrant au soin qui dans ce bois m'arrête,
Helas! je vais guérir, ou redoubler mes maux.

ROXANE.

Ah! votre amant peut-il être infidele?
Pour le croire constant, il suffit de vous voir.
Un cœur où vous régnés, à-t-il donc le pouvoir
De prendre une chaîne nouvelle?
Ah! votre amant peut-il être infidele?

FATIME.

FATIME.

L'hiver dans ces jardins n'ôse outrager les fleurs.
Sous cette immortelle verdure
Il n'ôse des ruisseaux suspendre le murmure,
Et jamais de l'Aurore il n'y glace les pleurs.
Sans-cèsse dans nos prés Flore arrête Zéphire,
Et jamais l'Aquillon ne nous ôte un beau jour;
Tout rit dans ce charmant séjour:
Faut-il que seule j'y soûpire?
Je brûle d'éclaircir le sort de mon amour....

SCENE II.

FATIME, en esclave Polonois, ROXANE, ATALIDE.

FATIME.

On vient.

ROXANE, se retirant.

C'est Atalide. Évitons sa présence.

FATIME, à part, éxaminant ATALIDE.

Plus je vois ma rivale, & plus je sens d'effroi;
Ses charmes, de Tacmas me prouvent l'inconstance.

ATALIDE, à FATIME.

Aimable esclave, apprenés-moi
Si vous suivés Tacmas....

FATIME.

Je vis sous sa puissance,
Depuis longtems il se fie à ma foi.

G

ATALIDE.

Vous possédés sa confiance?
Que vous êtes heureux de pouvoir chaque jour
Lui marquer votre zele!

FATIME.

Vous l'aimés? Vos soûpirs trahissent votre amour...

ATALIDE.

Oui; Tacmas est l'objet de mon ardeur fidele....

FATIME, saisie.

Vous l'aimés!..

ATALIDE.

Je l'adore, & mon cœur enflâmé
N'a jamais tant aimé!
La chaîne qui m'engage est faite
Pour n'en brîser jamais les nœuds.
Ma tendresse est aussi parfaite
Que le cher objet de mes vœux.
La chaîne qui m'engage est faite.
Pour n'en brîser jamais les nœuds.

FATIME, à part.

Elle aime trop, helas! pour n'être point aimée...
(*Vivement à* ATALIDE.)
Ah! c'est d'un inconstant que vous êtes charmée:
Un inconstant devroit-il être heureux?
C'est un crime que sa victoire:

Plus il trahit de tendres feux,
Plus il se croit comblé de gloire.
Un inconstant devroit-il être heureux ?
C'est un crime que sa victoire.

A T A L I D E.

Un inconstant ! que dites-vous ;
Le Prince n'aime que Fatime...
Ses discours, ses soûpirs, ses regards, tout l'exprime :
Croyés-en mes transports jaloux...

F A T I M E, vivement.

Tacmas n'est point volage ! o ciel ! est-il possible ?

A T A L I D E, surprise.

J'esperois que mes maux vous trouveroient sensible ;
Je comptois sur vos soins pour toucher mon amant ;
Et vous semblés jouïr de mon cruël tourment.

S C E N E III.

FATIME, en esclave Polonois, ATALIDE, TACMAS.

A T A L I D E.

TAcmas approche. Amour, c'est toi seul que j'implore ;
Daigne servir mon cœur, de même qu'il t'adore !

TACMAS, examinant FATIME.

Un esclave inconnu dans ces lieux ôse entrer !.
Quoi ! Fatime : c'est vous !

ATALIDE, à part.

Ciel ! c'est à ma rivale
Que je suis venu déclarer
Son trïomphe éclatant, & ma peine fatale...

SCENE IV.

TACMAS, FATIME, en esclave Polonois.

TACMAS.

FAtime, expliqués-moi votre déguisement.

FATIME.

Au repos de mon cœur il étoit nécessaire.
De ce cœur, fidele & sincere,
Il vient de calmer le tourment...
Je craignois votre changement.

TACMAS.

Eh quoi ! trop injuste Fatime,
Vous m'avés soupçonné d'un crime?
Vous vous êtes livrée à des transports jaloux !
Pour accuser mes feux, qu'elle preuve avés-vous ?

FATIME.

La jalousie est-elle sage ?
L'aimable Aurore en vain se leve sans nüage,
Et nous promet un jour charmant;

Pour troubler l'Univers, il ne faut qu'un moment;
Nos cœurs, comme les flots, sont sujèts à l'orage.

ENSEMBLE

Après l'orage, un doux repos
Calme les cœurs, comme les flots.

(*On entend le prélude de la fête.*)

TACMAS.

Fatime, ces concerts nous anoncent la fête
Qu'à la gloire des Fleurs, dans ce bois on apprête;
Allons-y; près de vous, je ne la verrai pas;
Près de vous on ne peut penser qu'à vos appas.

SCENE V.

LA FÊTE DES FLEURS.

La Ferme s'ouvre & laisse voir une partie du Palais de Tacmas. D'aimables Odaliques de diverses Nations de l'Asie portent dans leurs coëffures & sur leurs habits les fleurs les plus belles : L'une, a pour parure, la Rôse; l'autre la Jonquille : Enfin, toutes se singularisent par des fleurs différentes.

CHŒUR.

DAns le sein de Thétis précipités vos feux,
Fuyés, Astre du jour, laissés régner les ombres;

Nuit, étendés vos voiles ſombres;
Vos tranquilles moments favoriſent nos jeux.

On danſe.

TACMAS.

L'éclat des rôſes les plus belles,
D'iſparoît bientôt avec elles,
En vain ſur ce bord fortuné,
A chaque inſtant il en naît d'autres;
Il eſt moins orné
Par leurs attraits, que par les vôtres.

On danſe.

FATIME.

Trïomphés, agréables fleurs,
Répandés vos parfums, ranimés vos couleurs.

CHŒUR. Trïomphés, &c.

FATIME.

C'eſt parmi vous qu'Amour cache ſous la verdure
Ses feux les plus ardents, ſes plus aimables traits:
Le printems vous doit ſes attraits,
Vous parés la ſaiſon qui pare la nature.

CHŒUR.

Trïomphés, agréables fleurs,
Répandés vos parfuns, ranimés vos couleurs.

FATIME.

Vous tenés le rang ſuprême
Sur le bord de nos ruiſſeaux.

Et vous embellisses dans les jours les plus beaux,
La beauté même.

CHŒUR. Trïomphés, *&c.*

On danse.

FATIME.

Papillon inconstant, vole dans ce bocage,
Arrête-toi; suspends le cours
De ta flâme volage.
Jamais si belle Fleurs, sous ce naîssant ombrage,
N'ont mérité de fixer tes amours.
Papillon inconstant, vole dans ce bocage,
Arrête-toi, suspends le cours
De ta flâme volage.

On danse.

FIN.

BALLET DES FLEURS

Ce Ballet représente pittoresquement le sort des Fleurs dans un Jardin. On les a Personnifiées, ainsi que Borée & Zéphir, pour donner de l'âme à cette peinture galante, exécutée par d'aimables Esclaves. D'abord les Fleurs choisies qui peuvent briller davantage au Théâtre, dansent ensemble, & forment un parterre qui varie à chaque instant. La Rôse, leur reine, danse seule. La Fête est interrompue par un orage qu'amene Borée ; les Fleurs en éprouvent la colere. La Rôse résiste plus long-tems à l'ennemi qui la persécute ; les pas de Borée expriment son impetuosité, & sa fureur ; les attitudes de la Rôse, peignent sa douceur & ses craintes ; Zéphir arrive avec la clarté renaissante ; il ranime & releve les Fleurs abattues par la tempête, & termine leur triomphe & le sien par les hommages que sa tendresse rend à la Rôse.

APPROBATION.

J'AI lu, par ordre de Monseigneur le Chancelier, une nouvelle réimpression du Ballet héroïque intitulé, *les Indes Galantes.* A Marly, ce neuf Juin 1761.

DE MONCRIF.

Le Privilége est à la fin des autres Opera.

www.ingramcontent.com/pod-product-compliance
Lightning Source LLC
LaVergne TN
LVHW010003230826
846092LV00002B/623
* 9 7 8 2 3 2 9 6 6 8 3 7 6 *